AF246827

VIE

DE

SAINT-MEIN,

ABBÉ,

ont le Culte est en très-grande vénération
dans l'église de Hattenville.

1851

RÈGLEMENT.

Toutes les Personnes qui voudront être de la Confrérie de Saint-Mein, dejà très nombreuse, dans l'Eglise d'Hattenville, devront payer chaque année 15 cent., ou 2 fr. 50 cent. pour toute leur vie, alors elles seront affranchies.

Chaque personne est obligée de reciter une fois par mois cinq Pater et cinq Ave, ou de faire dire une basse-Messe pour tous les Associés morts ou vivans de la Société, une fois l'année.

Tous les ans, le 15 juin, jour de Saint-Mein, on fait une procession solennelle, à la fin de laquelle on chante un *Libera* pour tous les défunts de la Société.

Tous les premiers lundis de chaque mois, on dit une basse-Messe pour tous les vivans et les morts de la Société.

ABBÉ.

SAINT-MEIN était originaire d'Angleterre, d'une contrée appelée alors Venta, aujourd'hui partie méridionale de Cambrie, nommée Willia. Il est né environ l'an 546. Son père s'appelait Gerascenus, demeurait à Orche; très-vertueux lui-même, il fit donner a Saint-Mein, son fils, une bonne éducation. La jeunesse de Saint-Mein fut édifiante; ses études annonçaient ce qu'il devait être un jour à venir.

Du côté de sa mère il avait un proche parent connu sous le nom de Saint-Samson, Archevêque de Mènevie, aujourd'hui Saint-David, alors Métropole du pays de Galles. Les guerres, en 569, dépeuplèrent le pays de Galles. Le Saint Evêque Samson est obligé, malgré lui, d'abandonner son Siége, et vient se réfugier avec Saint-Mein, en Basse-Bretagne encore plongée dans l'idolâtrie. Ils prêchent ensemble l'Evangile. Dieu bénit leurs travaux ; plusieurs miracles en furent la preuve la plus évidente. L'épouse d'un nommé Privat, qui était lépreuse et sa fille démoniaque, furent l'une et l'autre guéries par leur intercession. Le peuple, témoin de ces prodiges éclatants, embrasse le Christianisme.

Dol, en Bretagne, fut le lieu de leur résidence ; ils y jettent les fondements d'un Monastère, sous l'approbation de *Querces*, Gouverneur et Comte du pays.

Un Seigneur voisin, nommé *Cadonus*, instruit et frappé de la grande réputation que Saint-Mein s'était acquise par ses vertus, le pria de vouloir bien venir perfectionner l'ouvrage de quelques Missionnaires qui avaient déjà prêché l'Evangile à ses vassaux. Saint-Mein se rendit à ses désirs. *Cadonus*, pour marque de sa reconnaissance, lui donna un fonds sur lequel il bâtit un Monastère qui subsiste encore aujourd'hui sous le nom de l'Abbaye de Saint-Mein. Cette maison devint en peu de temps très-célèbre par la ferveur qui y régnait, et l'éclat des personnes illustres qui s'y retirèrent, au nombre desquelles on nomme *Judicael*, Prince de la maison de Bretagne.

On voit encore dans cette Abbaye cette Fontaine que l'on peut appeler miraculeuse, auprès de laquelle Saint-Mein guérit plusieurs Lépreux. A la prière du Saint, Dieu donna aux eaux de cette Fontaine, la même vertu qui fut communiquée à celles du Jourdain, du temps d'Elisée, pour guérir la lèpre de Naaman. Ce qui a fait donner à cette maladie de la lèpre, le nom de mal de Saint-Mein. Tous les anciens Auteurs qui ont écrit sur la Médecine, ne le désignent point autrement ; et, dans tous les siècles, on voit des vestiges que tous les peuples ont recours à son intercession pour obtenir du Seigneur, la guérison de ce mal.

Les bienfaits continuels que Saint-Mein répandait sur cette contrée, n'empêchèrent pas qu'il fut calomnié et outragé. Dieu, de tout temps, a sanctifié ses élus par la tribulation et la croix. Hælius, Prince cruel, lui suscita des persécutions furieuses. Saint Mein n'y opposa que sa patience et ses prières. L'abondance de ses larmes amollit la dureté de ce cœur féroce, et Saint-Mein eut la consolation de le voir mourir dans les bras de Jésus-Christ, et dans tous les sentiments de la plus tendre conponction.

Une vie aussi utile, aussi édifiante, aussi héroïque que celle de Saint-Mein, fut consommée par une mort précieuse devant Dieu, le 15 juin de l'an 603, âgé de 57 ans.

Dieu a fait éclater sa miséricorde à son tombeau par plusieurs miracles.

HYMNE

En l'honneur de Saint-MEIN.

JAM mundi liceat pangere transfugas :
Certo consilio quos Deus abdidit,
    Ne contagio secli
    Mores læderet integros.

UT te possideant, quem sitiunt Deum,
Urbes, regna, suos, se quoque deserunt
    Totus viluit orbis,
    Dùm cœlestia cogitant.

ILLIS summa fuit gloria despici ;
Illis divitiæ pauperim pati ;
    Illis summa voluptas
    Longo suplicio mori.

FAC nos summa, Deus, quæ petimur mala
In pœnum scelerum ferre libentiùs,
    Et tellure relictâ,
    Immortalia quærere.

ÆTERNUS sit honor ingenito patri ;
Sit per unigenæ gloria Filio,
    Sacri nexus amoris,
    Laus compar tibi Spiritus.   Amen.

Oremus.

Intercessio nos, quæsumus, Domine, beati Menevi Abbatis commandet ut quod nostris meritis non valemus, ejus patrocinio assequamur. Per Dominum nostrum Jesum Christum. etc. etc.

Évangile que le Prêtre récite sur la tête des Malades.

En Saint-Luc, ch. 17, v. 11.

En ce temps-là, comme Jésus allait à Jérusalem, il passa par le milieu de la Samarie et de la Galilée, et comme il entrait dans un village, il vint au-devant de lui dix lépreux, qui se tenant éloignés, lui dirent en élevant leurs voix : Maître, ayez pitié de nous. Dès qu'il les eut apperçus, il leur dit : Allez vous montrer au Prêtre ; et comme ils y allaient, ils furent guéris. Un d'eux voyant qu'il était guéri, retourna sur ses pas, publiant à haute voix, la grandeur de Dieu. Il alla ensuite se jetter aux pieds de Jésus, le visage contre terre, lui rendant grâces. Celui-ci étoit Samaritain. Alors

Jésus lui dit : n'y en a-t-il pas dix qui ont été guéris ? Où sont donc les neuf autres ? Il ne s'en est point trouvé qui soit venu rendre gloire à Dieu que cet étranger. Puis il lui dit : Levez-vous, allez, votre foi vous a sauvé.

Pendant que le Prêtre dit cet Évangile, le malade doit faire des actes de foi, d'espérance et de charité ; surtout protester à Dieu que l'on est contrit de ses péchés, qui sont la vraie lèpre de l'âme, et promettre, avec le secours de sa sainte grâce, de n'en plus commettre.

Pendant la neuvaine, il est convenable de dire tous les jours, ou les sept Pseaumes, ou les litanies du Saint nom de Jésus, de la Sainte-Vierge, ou de réciter le Chapelet, pour les personnes qui ne savent pas lire.

AVANT d'entreprendre ce pélerinage, il faut s'adresser à son confesseur ordinaire, s'approcher du sacrement de Pénitence et, si le confesseur le juge à propos, recevoir la sainte Communion. Si le pélerinage se fait pour un enfant, les pères et mères doivent remplir ce devoir au nom de leurs enfants, et mériter, dans l'état de grâce, d'être exaucés au nom du Seigneur.

Si l'on se détermine à quêter, il ne faut faire cette quête que dans sa propre Paroisse, et se ressouvenir que cette quête n'est qu'un acte d'humilité, et quelques sous suffisent pour accomplir cet acte. Le reste des petits frais, tels qu'honoraires de deux messes que l'on dit ordinairement, le cierge dont on fait l'offrande à Saint Mein, le pauvre chargé des neuvaines, tout cela peut être fourni de son propre argent. L'Apôtre dit lui-même qu'il vaut mieux donner que de recevoir. En conséquence, si on est en état, il est à propos de nourrir un pauvre pendant neuf jours, ou faire quelques aumônes, suivant ses facultés, et n'être pas à charge à autrui.

Prière qu'il est à propos de reciter pendant la neuvaine.

Seigneur, Dieu tout puissant, qui daignez écouter favorablement les supplications de ceux qui vous servent et invoquent en esprit et en vérité, ayez pitié de ma misère profonde ; vous savez, ô mon Dieu ! qu'elle est la violence des douleurs que votre justice me fait ressentir ; mais vous connaissez aussi ma faiblesse. Helas ! Seigneur, je reconnais en présence de votre adorable Majesté, m'être attiré par mes péchés, les fléaux de votre colère, rien en moi n'est capable de vous appaiser ; je vous conjure donc de fixer vos regards sur Jésus-Christ votre Fils mon Rédempteur, ce n'est qu'en union de ses souffrances que j'ose vous offrir les miennes, que votre saint Nom soit à jamais béni. Que votre sainte volonté soit accomplie sur moi ; si vous ne jugez pas à propos, mon Dieu, de me soulager de mes peines, au moins je vous conjure de m'accorder la force et la constance de souffrir pour votre amour. Si vous m'accordez guérison, tout indigne que j'en suis, accordez-moi aussi la santé. Qu'à jamais mon cœur et mon âme, et tout ce qui est en moi, célèbrent vos bienfaits et vos miséricordes. Que l'humilité, la pureté, la douceur, soient les vertus que je pratique toute ma vie, à l'exemple de Marie, que vous m'avez donnée pour mère, et à l'exemple de Saint-Mein. Cent fois, ô mon Dieu! vous avez accordé, à ses prières, les graces que l'on vous a demandées en son nom. Je n'en mérite aucune, ô mon Dieu! mais comme votre bras n'est pas raccourci, que votre puissance est toujours la même, que votre tendresse pour les plus grands pécheurs, dont je suis du nombre, n'a point de bornes, j'éspère, Seigneur, que vous ne me rejetterez pas entièrement. Je vous en prie par les mérites de Jésus-Christ, qui vit avec vous en l'unité du Saint-Esprit dans tous les siècles.

Si c'est pour un enfant que l'on fait u
Neuvaine, il convient de dire l'Oraiso
suiante.

Divin Jésus qui, pendant les jours de vot
vie mortelle sur la terre, avez permis que l'o
vous présentât des enfants; qui les avez en
brassés, qui les avez bénis, qui avez assu
que le royaume éternel était leur partage, sou
frez que je vous présente celui que vous m'ave
donné; il est à vous, divin Jésus, avant d'êt
à moi. Cet enfant souffre, et je reconnais
Seigneur, que ce sont mes péchés que vo
punissez en lui. Si les peines qu'il endure so
si sensibles à ma tendresse, si je pâtis mo
même en le voyant être la victime de m
propres fautes; je vous prie, par l'effusion
votre Sang auguste, de me les pardonner,
les effacer entièrement, et qu'étant devenu p
à vos yeux, par votre miséricorde, vous vo
relâchiez des droits de votre justice qui s'e
appesantie sur lui. Non seulement je vous co
jure, ô Rédempteur de tous les hommes!
lui rendre la santé, mais, si vous daign
multiplier ses jours sur la terre, daigne

le garantir de la lèpre du péché; qu'il ait le bonheur de conserver la robe de l'innocence dont son ame est encore revêtue; qu'en avançant en âge, il croisse aussi en vertu, et devant vous, et devant les hommes. Je ne mérite pas que vous m'exauciez, divin Jésus; mais Marie, votre sainte Mère, le mérite; je la prie de vouloir bien vous présenter mon enfant, ainsi que le bienheureux Saint-Mein, qui fut toujours votre fidèle serviteur, et dont vous avez bien voulu écouter les prières qu'il vous a adressées pour les enfants de votre peuple. Ne me refusez pas, Seigneur, la consolation dans les jours de mon amertume, et j'apprendrai à mon enfant à louer, bénir et glorifier votre saint Nom; je lui apprendrai, par mon exemple, a suivre avec fidélité les maximes de votre Evangile, afin que, par vos mérites et votre miséricorde, nous puissions lui et moi, partager un jour votre Royaume.

Ainsi soit-il.

L'orsque Dieu a accordé la guérison, ce serait pousser l'ingratitude à son comble que de ne lui en pas marquer sa reconnaissance. On doit donc l'en remercier, et se faire un devoir, tous les ans de célébrer avec piété la Fête de Saint-Mein, s'y préparer par de bonnes œuvres, faire quelqu'aumónes, si on le peut; et recevoir les Sacre-

ments à cette intention, d'autant plus que le jou
de la Fête il y a déjà un intervalle depuis Pâque
et qu'elle concourt le plus souvent avec l'Octav
du Saint-Sacrement.

CANTIQUE

EN L'HONNEUR DE SAINT-MEIN.

Sur l'Air : *Je fais souvent raisonner ma musette , o*
les Folies d'Espagne.

Du Tout-Puissant publions les merveilles,
Louons sans fin ses sublimes grandeurs,
Il nous remplit de faveurs sans pareilles,
En nous donnant ses Saints pour protecteurs.

Tel est Saint-Mein : célébrons sa mémoire ;
Sur ses vertus ayons toujours les yeux.
Sa piété lui mérita la gloire
Dont il jouit dans le Royaume des Cieux.

Illustre Dol, toi qui, dans ton enceinte,
Conserves encore ce précieux trésor,
Raconte-nous les traits de sa vie sainte,
Et ses bienfaits jusques après sa mort.

L'amour divin, dans ce monde indocile,
Conduit ses pas, animait son ardeur;
La grace en lui ne fut jamais stérile;
De ses leçons il faisait son bonheur.

La charité, imprimée dans son âme,
Accompagnait ses belles actions:
Son cœur brûlant d'une divine flamme,
Portait par tout ses éducations.

Sa vive foi, en miracles fertile,
Força l'erreur de fuir et se cacher.
Tous les lépreux, par sa prière utile,
Etaient gueris et tirés de danger.

Pour s'éloigner de la foule incrédule,
Dont le poison semble être plein d'appas,
Il préféra une austère cellule
Aux vains attraits des grandeurs d'ici-bas.

Ce terme heureux d'une si sainte vie,
Fut couronné de la mort des élus;
Dieu l'appela dans l'auguste patrie,
Environné de ses rares vertus.

Chrétiens fervents, sans aucune remise,
Invoquons-le avec dévotion,
Et soyons sûrs que, par son entremise,
Nous obtiendrons de nos maux guérison.

FIN.

Yvetot.— Imp. de E. BRUNET.